年度　教育実習生出勤簿

大　学　名		大学	氏　　名	
実習学校名				

実習期間	年　月　日より　　　　年　月　日まで（　週間）				
月／日	曜日	出勤	欠勤	遅刻	早退	理　　由
／	曜					
／	曜					
／	曜					
／	曜					
／	曜					
／	曜					
／	曜					
／	曜					
／	曜					
／	曜					
／	曜					
／	曜					

年度　教育実習生調査書

年　　月　　日記入

（写真貼付欄）
4 cm × 3 cm

実習校	学校名						
	所在地	〒					
	実　習教　科		実習期間	月　　日より 月　　日まで		週間	

ふ り が な 氏　　名		生年月日	昭和 平成	年　　月　　日生	男 女
実　習　中の　住　所		（　　　　）方		電話	

在学学校	大学名	大学 短期大学	学部 科	第　　　学年
	所在地	〒	電話	

取得見込免許状	学校教諭　　　　　種免許状　　　　　科

学歴	年　　月		小 学 校 卒 業
	年　　月		中 学 校 卒 業
	年　　月		高 等 学 校 卒 業
	年　　月		
	年　　月		
職歴	年　　月		
	年　　月		

大学における活動（ゼミ・クラブ・サークル等）	教育について特に関心のあること
資格・特技・趣味等	性格（長所や短所など）

公立学校教員採用検査受検について	受検する　　　　　受検しない

（北海道私立大学・短期大学様式）

年度　教育実習評価表

実習校		学校長	印	指導教諭	印
実習校住所				電話	
実習教科科目		実習生		所属大学	

実習期間	年　　月　　日より	出勤すべき日数	日	欠勤	病欠	日	遅刻	回
					事故欠	日		
	年　　月　　日まで	出勤した日数	日		その他	日	早退	回
					計	日		

項　　目		評　価　の　観　点	評価
学習指導	教材研究	教材・教具の準備，実験・実習の準備，指導案の作成	
	指導方法	動機づけ，授業の展開，教材・教具の使用，実験・実習の指導，板書，発問，言語・音声	
生活指導	生徒理解	生徒との接触，給食の指導，掃除の指導，学校行事への参加，クラブ・部活動への参加	
	学級指導	生徒の掌握，生徒の指導，学級・HR 活動の指導	
実習態度	勤務態度	実習への意欲，出勤状況，マナー，教員と協力，教師としての自覚	
	実務能力	学級経営の事務処理，実習日誌等の書類の提出	
総合評価（教師としての資質の評価を含む）			
総合所見			

注：項目別評価及び総合評価は５段階の絶対評価とする。
　　　S（秀）　　　A（優）　　　B（良）　　　C（可）　　　D（不可）

学籍番号	

（北海道私立大学・短期大学様式）

（北海道私立大学・短期大学様式）

月／日	曜日	出勤	欠勤	遅刻	早退	理　由
／	曜					
／	曜					
／	曜					
／	曜					
／	曜					
／	曜					
／	曜					
／	曜					
／	曜					
／	曜					
／	曜					
／	曜					

出席すべき日数	日	出席した日数	日	遅刻	回	早退	回

上記の通り証明する。

　　　年　　　月　　　日

　　　　　学校長氏名　　　　　　　　　　　　　　㊞

も く じ

実習校の現況 ……………………………………………………………………… 1

教育実習の予定表 ………………………………………………………………… 2

観察（授業参観等）・参加および実習の時間表 ……………………………… 3

実習校のオリエンテーション ………………………………………………… 7

日　　誌 …………………………………………………………………………10

観察（授業参観等）・参加の記録 ……………………………………………34

授業実習の記録 …………………………………………………………………46

研究授業の記録 …………………………………………………………………70

教育実習の感想 …………………………………………………………………72

実習終了検印 ……………………………………………………………………73

年　　月　　日現在

実 習 校 の 現 況

校　　名		電話番号	
住　　所	〒		
校　　　　長		副　校　長	
教　　　　頭		教　　頭	
教　科　主　任			
教科指導教諭		学級指導教諭	

[**教職員数**] 教員　　　　名　職員　　　　名　合計　　　　名

[**生徒数**] 全校学級数　　　学級　全校生徒数　　　名（男　　名・女　　名）

学年	1	2	3	4	5	6
学級数						
生徒数						

[**学校の概要・特色**] 実習校の沿革，校訓，教育目標，卒業生の進路，地域の特色など。

実習生名		電話番号	
住　　所	〒		

教 育 実 習 の 予 定 表

月	日	曜	学 校 行 事	実 習 の 予 定

観察（授業参観等）・参加および実習の時間表（１週目）

	月	火	水	木	金	土
1						
年組						
形態						
2						
年組						
形態						
3						
年組						
形態						
4						
年組						
形態						
5						
年組						
形態						
6						
年組						
形態						
7						
年組						
形態						

時　間　合　計	観察・参加		時間	実　習		時間

観察（授業参観等）・参加および実習の時間表（2週目）

	月	火	水	木	金	土
1						
年組						
形態						
2						
年組						
形態						
3						
年組						
形態						
4						
年組						
形態						
5						
年組						
形態						
6						
年組						
形態						
7						
年組						
形態						

時　間　合　計	観　察・参　加		時間	実　　習		時間

観察（授業参観等）・参加および実習の時間表（3週目）

	月	火	水	木	金	土
1						
年組						
形態						
2						
年組						
形態						
3						
年組						
形態						
4						
年組						
形態						
5						
年組						
形態						
6						
年組						
形態						
7						
年組						
形態						

時　間　合　計	観察・参加		時間	実　習		時間

観察（授業参観等）・参加および実習の時間表（4週目）

	月	火	水	木	金	土
1						
年組						
形態						
2						
年組						
形態						
3						
年組						
形態						
4						
年組						
形態						
5						
年組						
形態						
6						
年組						
形態						
7						
年組						
形態						

時　間　合　計	観察・参加		時間	実　　習		時間

実習校のオリエンテーション

［日　誌］

月　　日　　曜日　　天候		検印	
	実習項目・教科	内　容　・　行　事　等	
始　業　前			
S・H・R			
1 時間目			
2 時間目			
3 時間目			
4 時間目			
5 時間目			
6 時間目			
7 時間目			
S・H・R			
放　課　後			
振り返りまたは指導を受けた内容記入欄			
指導教諭指導欄			

[日　誌]

	実習項目・教科	内　容　・　行　事　等
月　　日　　曜日　天候		検印
始　業　前		
S・H・R		
1 時 間 目		
2 時 間 目		
3 時 間 目		
4 時 間 目		
5 時 間 目		
6 時 間 目		
7 時 間 目		
S・H・R		
放　課　後		
振り返りまたは指導を受けた内容記入欄		
指　導　教　諭　指　導　欄		

［日　誌］

	実習項目・教科	内　容　・　行　事　等
月　　日　　曜日　天候		検印
始　業　前		
S・H・R		
1 時 間 目		
2 時 間 目		
3 時 間 目		
4 時 間 目		
5 時 間 目		
6 時 間 目		
7 時 間 目		
S・H・R		
放　課　後		
振り返りまたは指導を受けた内容記入欄		
指導教諭指導欄		

— 12 —

［日　誌］

	月　　日　　曜日　天候		検印	
	実習項目・教科	内　容　・　行　事　等		
始　業　前				
S・H・R				
1 時 間 目				
2 時 間 目				
3 時 間 目				
4 時 間 目				
5 時 間 目				
6 時 間 目				
7 時 間 目				
S・H・R				
放　課　後				
振り返りまたは指導を受けた内容記入欄				
指　導　教　諭　指　導　欄				

— 13 —

［日　誌］

月　日　曜日　天候		検印	
	実習項目・教科	内　容　・　行　事　等	
始 業 前			
S・H・R			
1 時 間 目			
2 時 間 目			
3 時 間 目			
4 時 間 目			
5 時 間 目			
6 時 間 目			
7 時 間 目			
S・H・R			
放 課 後			
振り返りまたは指導を受けた内容記入欄			
指導教諭指導欄			

［日　誌］

	月　　日　　曜日　天候		検印	
	実習項目・教科		内　容　・　行　事　等	
始　業　前				
S・H・R				
1 時 間 目				
2 時 間 目				
3 時 間 目				
4 時 間 目				
5 時 間 目				
6 時 間 目				
7 時 間 目				
S・H・R				
放　課　後				
指導を受けた内容記入欄 振り返りまたは				
指　導　教　諭　指　導　欄				

［日　誌］

月　日　曜日　天候		検印	
	実習項目・教科	内　容　・　行　事　等	
始 業 前			
S・H・R			
1 時 間 目			
2 時 間 目			
3 時 間 目			
4 時 間 目			
5 時 間 目			
6 時 間 目			
7 時 間 目			
S・H・R			
放 課 後			
振り返りまたは指導を受けた内容記入欄			
指導教諭指導欄			

［日　誌］

月　　日　　曜日　天候		検印	
	実習項目・教科	内　容　・　行　事　等	
始　業　前			
S・H・R			
1 時間目			
2 時間目			
3 時間目			
4 時間目			
5 時間目			
6 時間目			
7 時間目			
S・H・R			
放　課　後			
振り返りまたは指導を受けた内容記入欄			
指導教諭指導欄			

［日　誌］

月　　日　　曜日　天候		検印	
	実習項目・教科	内　容　・　行　事　等	
始　業　前			
S・H・R			
1 時 間 目			
2 時 間 目			
3 時 間 目			
4 時 間 目			
5 時 間 目			
6 時 間 目			
7 時 間 目			
S・H・R			
放　課　後			
振り返りまたは指導を受けた内容記入欄			
指導教諭指導欄			

［日　誌］

		月　　日　　曜日　　天候	検印	
	実習項目・教科	内　容　・　行　事　等		
始　業　前				
S・H・R				
1 時間目				
2 時間目				
3 時間目				
4 時間目				
5 時間目				
6 時間目				
7 時間目				
S・H・R				
放　課　後				
振り返りまたは指導を受けた内容記入欄				
指導教諭指導欄				

日誌

［日　誌］

月　　日　　曜日　天候		検印	
	実習項目・教科	内　容　・　行　事　等	
始 業 前			
S・H・R			
1 時 間 目			
2 時 間 目			
3 時 間 目			
4 時 間 目			
5 時 間 目			
6 時 間 目			
7 時 間 目			
S・H・R			
放 課 後			
振り返りまたは指導を受けた内容記入欄			
指導教諭指導欄			

［日　誌］

月　日　曜日　天候		検印	
	実習項目・教科	内　容　・　行　事　等	
始　業　前			
S・H・R			
1 時 間 目			
2 時 間 目			
3 時 間 目			
4 時 間 目			
5 時 間 目			
6 時 間 目			
7 時 間 目			
S・H・R			
放　課　後			
指導を受けた内容記入欄　振り返りまたは			
指　導　教　諭　指　導　欄			

［日　誌］

月　　日　　曜日　　天候		検印	
	実習項目・教科	内　容　・　行　事　等	
始　業　前			
S・H・R			
1 時 間 目			
2 時 間 目			
3 時 間 目			
4 時 間 目			
5 時 間 目			
6 時 間 目			
7 時 間 目			
S・H・R			
放　課　後			
振り返りまたは指導を受けた内容記入欄			
指導教諭指導欄			

［日　誌］

		検印	
月　　日　　曜日　天候			

	実習項目・教科	内　容　・　行　事　等
始 業 前		
S・H・R		
1 時 間 目		
2 時 間 目		
3 時 間 目		
4 時 間 目		
5 時 間 目		
6 時 間 目		
7 時 間 目		
S・H・R		
放 課 後		
振り返りまたは指導を受けた内容記入欄		
指導教諭指導欄		

［日　誌］

	月　　日　　曜日　天候	検印	

	実習項目・教科	内　容　・　行　事　等
始　業　前		
S・H・R		
1 時 間 目		
2 時 間 目		
3 時 間 目		
4 時 間 目		
5 時 間 目		
6 時 間 目		
7 時 間 目		
S・H・R		
放　課　後		
振り返りまたは指導を受けた内容記入欄		
指導教諭指導欄		

［日　誌］

月　　日　　曜日　天候		検印	
	実習項目・教科	内　容　・　行　事　等	
始　業　前			
S・H・R			
1 時間目			
2 時間目			
3 時間目			
4 時間目			
5 時間目			
6 時間目			
7 時間目			
S・H・R			
放　課　後			
振り返りまたは指導を受けた内容記入欄			
指導教諭指導欄			

［日　誌］

	月　　日　　曜日　天候	検印	

	実習項目・教科	内　容　・　行　事　等
始　業　前		
S・H・R		
1 時 間 目		
2 時 間 目		
3 時 間 目		
4 時 間 目		
5 時 間 目		
6 時 間 目		
7 時 間 目		
S・H・R		
放　課　後		
振り返りまたは指導を受けた内容記入欄	
指導教諭指導欄	

［日　誌］

	月　　日　　曜日　天候	検印	

	実習項目・教科	内　容　・　行　事　等
始　業　前		
S・H・R		
1 時 間 目		
2 時 間 目		
3 時 間 目		
4 時 間 目		
5 時 間 目		
6 時 間 目		
7 時 間 目		
S・H・R		
放　課　後		
振り返りまたは指導を受けた内容記入欄		
指　導　教　諭　指　導　欄		

日誌

[日　誌]

月　　日　　曜日　天候	検印	

	実習項目・教科	内　容　・　行　事　等
始　業　前		
S・H・R		
1 時 間 目		
2 時 間 目		
3 時 間 目		
4 時 間 目		
5 時 間 目		
6 時 間 目		
7 時 間 目		
S・H・R		
放　課　後		
振り返りまたは指導を受けた内容記入欄		
指導教諭指導欄		

［日 誌］

	実習項目・教科	内 容 ・ 行 事 等
始 業 前		
S・H・R		
1 時間目		
2 時間目		
3 時間目		
4 時間目		
5 時間目		
6 時間目		
7 時間目		
S・H・R		
放 課 後		

月　日　曜日　天候　　検印

振り返りまたは指導を受けた内容記入欄

指導教諭指導欄

［日　誌］

月　日　曜日　天候		検印	

	実習項目・教科	内　容　・　行　事　等
始 業 前		
S・H・R		
1 時 間 目		
2 時 間 目		
3 時 間 目		
4 時 間 目		
5 時 間 目		
6 時 間 目		
7 時 間 目		
S・H・R		
放 課 後		
振り返りまたは指導を受けた内容記入欄		
指導教諭指導欄		

— 30 —

［日　誌］

月　日　曜日　天候		検印	
	実習項目・教科	内　容　・　行　事　等	
始　業　前			
S・H・R			
1 時 間 目			
2 時 間 目			
3 時 間 目			
4 時 間 目			
5 時 間 目			
6 時 間 目			
7 時 間 目			
S・H・R			
放　課　後			
振り返りまたは指導を受けた内容記入欄			
指　導　教　諭　指　導　欄			

［日　誌］

	月　　日　　曜日　天候		検印	

	実習項目・教科	内　容　・　行　事　等
始　業　前		
S・H・R		
1 時 間 目		
2 時 間 目		
3 時 間 目		
4 時 間 目		
5 時 間 目		
6 時 間 目		
7 時 間 目		
S・H・R		
放　課　後		
振り返りまたは指導を受けた内容記入欄		
指導教諭指導欄		

［日 誌］

	月　　日　　曜日　天候			検印	
	実習項目・教科		内　容　・　行　事　等		
始 業 前					
S・H・R					
1 時間目					
2 時間目					
3 時間目					
4 時間目					
5 時間目					
6 時間目					
7 時間目					
S・H・R					
放 課 後					
指導を受けた内容記入欄 振り返りまたは					
指 導 教 諭 指 導 欄					

観察（授業参観等）・参加の記録

日　時	年　　　月　　　日（　　曜） 　　　時間目	実施者 氏　名	
教科名等		学　年	年　　　組
単　元 題　材　名			
観察（授業参観等）・参加の内容			
指導を受けた内容			

観察（授業参観等）・参加の記録

日　時	年　　　月　　　日（　　曜） 　　　時間目	実施者 氏　名	
教科名等		学　年	年　　　組
単　元 題　材　名			
観察（授業参観等）・参加の内容			
指導を受けた内容			

観察（授業参観等）・参加の記録

日　　時	年　　月　　日（　　曜） 時間目	実施者 氏　名	
教科名等		学　年	年　　組
単元 題材　名			
観察（授業参観等）・参加の内容			
指導を受けた内容			

観察（授業参観等）・参加の記録

日　　時	年　　月　　日（　　曜） 時間目	実施者 氏　名	
教科名等		学　年	年　　組
単元 題材　名			
観察（授業参観等）・参加の内容			
指導を受けた内容			

観 察 （授 業 参 観 等）・参 加 の 記 録

日　時	年　　月　　日（　　曜）　時間目	実施者氏　名	
教科名等		学　年	年　　組
単元題材名			
観察（授業参観等）・参加の内容			
指導を受けた内容			

観 察 （授 業 参 観 等）・参 加 の 記 録

日　時	年　　月　　日（　　曜）　時間目	実施者氏　名	
教科名等		学　年	年　　組
単元題材名			
観察（授業参観等）・参加の内容			
指導を受けた内容			

観察（授業参観等）・参加の記録

日　時	年　　　月　　　日（　　曜）　時間目	実施者氏　名	
教科名等		学　年	年　　　組
単元名題材名			
観察（授業参観等）・参加の内容			
指導を受けた内容			

観察（授業参観等）・参加の記録

日　時	年　　　月　　　日（　　曜）　時間目	実施者氏　名	
教科名等		学　年	年　　　組
単元名題材名			
観察（授業参観等）・参加の内容			
指導を受けた内容			

観察（授業参観等）・参加の記録

観察（授業参観等）・参加の記録

日　時	年　　月　　日（　　曜）　時間目	実施者氏名	
教科名等		学　年	年　　組
単元名 題材名			
観察（授業参観等）・参加の内容			
指導を受けた内容			

観察（授業参観等）・参加の記録

日　時	年　　月　　日（　　曜）　時間目	実施者氏名	
教科名等		学　年	年　　組
単元名 題材名			
観察（授業参観等）・参加の内容			
指導を受けた内容			

観 察 （授 業 参 観 等）・参 加 の 記 録

日　時	年　　月　　日（　　曜）　時間目	実施者氏　名	
教科名等		学　年	年　　組
単元題材名			
観察（授業参観等）・参加の内容			
指導を受けた内容			

観 察 （授 業 参 観 等）・参 加 の 記 録

日　時	年　　月　　日（　　曜）　時間目	実施者氏　名	
教科名等		学　年	年　　組
単元題材名			
観察（授業参観等）・参加の内容			
指導を受けた内容			

観察（授業参観等）・参加の記録

日　　時	年　　月　　日（　　曜） 時間目	実施者 氏　　名	
教科名等		学　　年	年　　組
単元 題材　名			
観察（授業参観等）・参加の内容			
指導を受けた内容			

観察（授業参観等）・参加の記録

日　　時	年　　月　　日（　　曜） 時間目	実施者 氏　　名	
教科名等		学　　年	年　　組
単元 題材　名			
観察（授業参観等）・参加の内容			
指導を受けた内容			

観 察 （授 業 参 観 等）・参 加 の 記 録

日　　時	年　　月　　日（　　曜） 時間目	実施者 氏　　名	
教 科 名 等		学　　年	年　　　組
単 元 題 材 名			
観察（授業参観等）・参加の内容			
指導を受けた内容			

観 察 （授 業 参 観 等）・参 加 の 記 録

日　　時	年　　月　　日（　　曜） 時間目	実施者 氏　　名	
教 科 名 等		学　　年	年　　　組
単 元 題 材 名			
観察（授業参観等）・参加の内容			
指導を受けた内容			

観 察 （授 業 参 観 等）・参 加 の 記 録

日　時	年　　　月　　　日（　　曜） 　　　　　　　　　時間目	実施者 氏　名	
教 科 名 等		学　年	年　　　組
単　元 題　材　名			
観察（授業参観等）・参加の内容			
指導を受けた内容			

観 察 （授 業 参 観 等）・参 加 の 記 録

日　時	年　　　月　　　日（　　曜） 　　　　　　　　　時間目	実施者 氏　名	
教 科 名 等		学　年	年　　　組
単　元 題　材　名			
観察（授業参観等）・参加の内容			
指導を受けた内容			

観察（授業参観等）・参加の記録

日　時	年　　　月　　　日（　曜） 　　　　　　　　　　　時間目	実施者 氏　名	
教科名等		学　年	年　　　組
単　元 題　材　名			
観察（授業参観等）・参加の内容			
指導を受けた内容			

観察（授業参観等）・参加の記録

日　時	年　　　月　　　日（　曜） 　　　　　　　　　　　時間目	実施者 氏　名	
教科名等		学　年	年　　　組
単　元 題　材　名			
観察（授業参観等）・参加の内容			
指導を受けた内容			

観 察 （授 業 参 観 等）・参 加 の 記 録

日　　時	年　　月　　日（　　曜） 　　　　　　時間目	実施者 氏　　名	
教科名等		学　　年	年　　　組
単　元 題　材　　名			
観察（授業参観等）・参加の内容			
指導を受けた内容			

観 察 （授 業 参 観 等）・参 加 の 記 録

日　　時	年　　月　　日（　　曜） 　　　　　　時間目	実施者 氏　　名	
教科名等		学　　年	年　　　組
単　元 題　材　　名			
観察（授業参観等）・参加の内容			
指導を受けた内容			

観 察 （授 業 参 観 等）・参 加 の 記 録

日　時	年　　月　　日（　　曜） 　　　　　　　　時間目	実施者 氏　名	
教 科 名 等		学　年	年　　組
単 元 名 題 材			
観 察（授 業 参 観 等）・参 加 の 内 容			
指 導 を 受 け た 内 容			

観 察 （授 業 参 観 等）・参 加 の 記 録

日　時	年　　月　　日（　　曜） 　　　　　　　　時間目	実施者 氏　名	
教 科 名 等		学　年	年　　組
単 元 名 題 材			
観 察（授 業 参 観 等）・参 加 の 内 容			
指 導 を 受 け た 内 容			

授 業 実 習 の 記 録

日　時	年　　　月　　　日（　　曜） 時間目	指　導 教　諭	㊞
教科名等	学　年　　　　　年　　組	実施者 氏　名	

学 習 指 導 案（コピー貼付可）

単元 題材名		使用 教科書	
単元・題材の目標			
単元・題材の指導計画			
本時の目標			
反省及び指導を受けた内容			

同一計画による 指導の有無	月　　日　　年　　組	月　　日　　年　　組
	月　　日　　年　　組	月　　日　　年　　組

本 時 の 指 導 計 画 （コピー貼付可）

	学 習 内 容	学 習 活 動	時間	指 導 上 の 留 意 点 評価の観点(評価規準)
導入				
展開				
まとめ				

授 業 実 習 の 記 録

日　時	年　　月　　日（　曜） 時間目	指　導 教　諭	㊞
教科名等		学　年	年　　組	実施者 氏　名	

学 習 指 導 案 （コピー貼付可）

単元 題材名		使用 教科書	
単元・題材 の目標	
単元・題材 の指導計画	
本時の目標	
反省及び指導を受けた内容	

同一計画による 指導の有無	月　　日　　年　　組	月　　日　　年　　組
	月　　日　　年　　組	月　　日　　年　　組

本 時 の 指 導 計 画 （コピー貼付可）

	学 習 内 容	学 習 活 動	時間	指 導 上 の 留 意 点 評価の観点（評価規準）
導入				
展開				
まとめ				

授業実習の記録

授 業 実 習 の 記 録

日　時	年　　　月　　　日（　　曜） 時間目	指　導 教　諭	印
教科名等	学　年　　　　　　年　組	実施者 氏　名	

学　習　指　導　案（コピー貼付可）

単元	題材名		使用	教科書	
	単元・題材の目標				
	単元・題材の指導計画				
	本時の目標				
	反省及び指導を受けた内容				

同一計画による 指導の有無	月　　日　　年　　組	月　　日　　年　　組
	月　　日　　年　　組	月　　日　　年　　組

本 時 の 指 導 計 画 （コピー貼付可）

	学 習 内 容	学 習 活 動	時間	指導上の留意点 評価の観点（評価規準）
導入				
展開				
まとめ				

授 業 実 習 の 記 録

日　時	年　　月　　日（　曜） 時間目	指　導 教　諭 実施者 氏　名	㊞
教科名等	学　年　　　年　組		

学 習 指 導 案 （コピー貼付可）

単元 題材名		使用教科書	
単元・題材の目標			
単元・題材の指導計画			
本時の目標			
反省及び指導を受けた内容			

同一計画による 指導の有無	月　　日　　年　　組 月　　日　　年　組	月　　日　　年　　組 月　　日　　年　　組

本 時 の 指 導 計 画 （コピー貼付可）

	学 習 内 容	学 習 活 動	時間	指 導 上 の 留 意 点 評価の観点(評価規準)
導入				
展開				
まとめ				

授 業 実 習 の 記 録

日　時	年　　　　月　　　　日（　　　曜） 時間目	指　導 教　諭 実施者 氏　名	㊞
教科名等	学　年　　　　　　　年　　組		

学　習　指　導　案 （コピー貼付可）

単元 題材名		使用 教科書	
単元・題材 材の目標			
単元・題材 の指導計画			
本時の目標			
反省及び指導を受けた内容			

同一計画による 指導の有無	月　　　日　　　年　　　組 月　　　日　　　年　　　組	月　　　日　　　年　　　組 月　　　日　　　年　　　組

本 時 の 指 導 計 画 （コピー貼付可）

	学 習 内 容	学 習 活 動	時間	指 導 上 の 留 意 点 評価の観点(評価規準)
導入				
展開				
まとめ				

授業実習の記録

授　業　実　習　の　記　録

日　時	年　　　月　　　日（　　曜）	指　導		印
	時間目	教　諭		
教科名等		学　年		実施者
			年　　　組	氏　名	

学　習　指　導　案（コピー貼付可）

単元 題材名		使用 教科書	
単元・題材 材の目標			
単元・題材 の指導計画			
本時の目標			
反省及び指導を受けた内容			

| 同一計画による 指導の有無 | 月　　日　　年　　組 | 月　　日　　年　　組 |
| | 月　　日　　年　　組 | 月　　日　　年　　組 |

授業実習の記録

本 時 の 指 導 計 画 （コピー貼付可）

	学 習 内 容	学 習 活 動	時間	指 導 上 の 留 意 点 評価の観点(評価規準)
導入				
展開				
まとめ				

授 業 実 習 の 記 録

日　時	年　　月　　日（　　曜）時間目		指　導教　諭実　施　者氏　名		印
教科名等		学　年　　　年　　組	実　施　者氏　　名		

学 習 指 導 案 （コピー貼付可）

単元 題材名		教科書使用	
単元・題材 材の目標			
単元・題材 の指導計画			
本時の目標			
反省及び指導を受けた内容			

同一計画による指導の有無	月　　日　　年　　組月　　日　　年　　組	月　　日　　年　　組月　　日　　年　　組

本 時 の 指 導 計 画 （コピー貼付可）

	学 習 内 容	学 習 活 動	時間	指 導 上 の 留 意 点 評価の観点（評価規準）
導入				
展開				
まとめ				

授業実習の記録

授　業　実　習　の　記　録

日　時	年　　月　　日（　　曜）時間目		指　導教　諭実施者氏　名	印
教科名等		学　年　　　年　　組		

学　習　指　導　案（コピー貼付可）

単元題材名		使用教科書	
単元・題材の目標			
単元・題材の指導計画			
本時の目標			
反省及び指導を受けた内容			

同一計画による指導の有無	月　　日　　年　　組	月　　日　　年　　組
	月　　日　　年　　組	月　　日　　年　　組

本 時 の 指 導 計 画 （コピー貼付可）

	学 習 内 容	学 習 活 動	時間	指 導 上 の 留 意 点 評価の観点(評価規準)
導入				
展開				
まとめ				

授 業 実 習 の 記 録

日　時	年　　　月　　　日（　　曜） 時間目	指　導 教　諭 実施者 氏　名	㊞
教科名等		学　年　　　　　　年　　組	

学 習 指 導 案 （コピー貼付可）

単元　題材名		使用　教科書	
単元・題材　材の目標			
単元・題材　の指導計画			
本時の目標			
反省及び指導を受けた内容			

同一計画による 指導の有無	月　　日　　年　　組	月　　日　　年　　組
	月　　日　　年　　組	月　　日　　年　　組

本 時 の 指 導 計 画 （コピー貼付可）

	学 習 内 容	学 習 活 動	時間	指 導 上 の 留 意 点 評価の観点(評価規準)
導入				
展開				
まとめ				

授 業 実 習 の 記 録

日　時	年　　月　　日（　　曜） 時間目	指　導 教　諭 実施者 氏　名	㊞
教科名等	学　年	年　　組	

学　習　指　導　案（コピー貼付可）

単元 題材名		使用 教科書	
単元・題材 材の目標			
単元・題材 の指導計画			
本時の目標			
反省及び指導を受けた内容			

同一計画による 指導の有無	月　　日　　年　　組 月　日　年　組	月　　日　　年　　組 月　日　年　組

本 時 の 指 導 計 画 （コピー貼付可）

	学 習 内 容	学 習 活 動	時間	指 導 上 の 留 意 点 評価の観点（評価規準）
導入				
展開				
まとめ				

授 業 実 習 の 記 録

日　時	年　　月　　日（　曜）時間目	指　導教　諭実施者氏　名	印
教科名等	学　年	年　　組	

学 習 指 導 案 （コピー貼付可）

単元 題材名		使用 教科書	
単元・題材の目標			
単元・題材の指導計画			
本時の目標			
反省及び指導を受けた内容			

同一計画による指導の有無	月　　日　　年　　組月　　日　　年　　組	月　　日　　年　　組月　　日　　年　　組

授業実習の記録

本 時 の 指 導 計 画 （コピー貼付可）

	学 習 内 容	学 習 活 動	時間	指 導 上 の 留 意 点 評価の観点(評価規準)
導入				
展開				
まとめ				

授 業 実 習 の 記 録

日　時	年　　月　　日（　曜）時間目	指導教諭実施者氏名	㊞

教科名等		学　年	年　　組	実施者氏名	

学　習　指　導　案（コピー貼付可）

単元 題材名		使用 教科書	

単元・題材 材の目標	

単元・題材 の指導計画	

本時の目標	

反省及び指導を受けた内容	

同一計画による指導の有無	月　　日　　年　　組 月　　日　　年　　組	月　　日　　年　　組 月　　日　　年　　組

本 時 の 指 導 計 画 （コピー貼付可）

	学 習 内 容	学 習 活 動	時間	指 導 上 の 留 意 点 評価の観点（評価規準）
導入				
展開				
まとめ				

研 究 授 業 の 記 録

日　時	年　　月　　日（　　曜）時間目	指　導教　諭		㊞
教科名等	学　年　　　　　年　　組	実施者氏　名		㊞

自己反省（授業終了後，反省した点を列記する）

☆学習指導案・資料など別刷したものを貼付する。

（1）研究授業出席者名

（2）評価（研究授業参加者の批判の要点を列記する）

教 育 実 習 の 成 果 と 反 省

実 習 終 了 検 印

校　　　　　長		印
教　科　主　任		印
教 科 指 導 教 諭		印
学 級 指 導 教 諭		印
大学実習担当教員		印
		印

（北海道私立大学・短期大学様式）

きょういくじつしゅうにっし
教育実習日誌　第4版

1995 年 3 月	第 1 版	第 1 刷	発行
2006 年 1 月	第 2 版	第 1 刷	発行
2010 年 3 月	第 2 版	第 4 刷	発行
2011 年 1 月	第 3 版	第 1 刷	発行
2018 年 12月	第 3 版	第 6 刷	発行
2019 年 10月	**第 4 版**	**第 1 刷**	**発行**
2024 年 2 月	**第 4 版**	**第 4 刷**	**発行**

ほっかいどうしりつだいがくたんきだいがく
編　者　北海道私立大学・短期大学
きょうしょくかていけんきゅうれんらくきょうぎかい
　　　　教職課程研究連絡協議会
発行者　発　田　和　子
　　　　　株式
発行所　　会社　学術図書出版社
〒 113-0033　東京都文京区本郷 5 - 4 - 6
TEL 03-3811-0889　振替 00110-4-28454
印刷 三和印刷（株）

本書の一部または全部を無断で複写（コピー）・複製・
転載することは，著作権法で認められた場合を除き，著
作者および出版社の権利の侵害となります．あらかじめ
小社に許諾を求めてください．

© 1995,2006,2011,2019
北海道私立大学・短期大学教職課程研究連絡協議会
Printed in Japan
ISBN978-4-7806-0778-9　C3037

教育実習の手引（第 7 版）

北海道私立大学・短期大学
教職課程研究連絡協議会 編
定価：本体 400 円＋税
ISBN978-4-7806-0777-2

教育実習のいっそうの充実と豊かな教員養成を目指して―.
教職課程新カリキュラムと新学習指導要領に対応. 実習の準備と
心得をコンパクトにまとめました.
第 5 章では「教育実習日誌」の書き方を構成に合わせて具体的に
解説. 効果的にご利用いただけます.

本書の内容：
第 1 章　教育実習について
第 2 章　教育実習の内容
　A. 観察・参加・実習　　　B. 授業実習の心得
　C. 実習生の一日　　　　　D. 研究授業
第 3 章　教育実習のための準備と心得
　A. 実習のための準備　　　B. 実習全般についての心得
　C. 実習終了後の処置
第 4 章　教科外の指導の心得
　A. 道徳の授業と教育実習の内容
　B. 『総合的な学習（探究）の時間」の授業と教育実習の内容
　C. 特別活動の指導と教育実習の内容
第 5 章　教育実習日誌の書き方
　1. 実習校の現況　2. 教育実習の予定表
　3. 観察（授業参観等）・参加および実習の時間表
　4. 実習校のオリエンテーション　5. 日誌
　6. 観察（授業参観等）・参加の記録　7. 授業実習の記録
　8. 指導技術　9. 研究授業の記録　10. 教育実習の感想
　11. 実習終了検印

○ご注文は，お近くの書店，または直接小社へお願いいたします.